ABBÉ PLANEIX

LE

SENSUALISME

CONTEMPORAIN

PARIS
LIBRAIRIE P. LETHIELLEUX
10, Rue Cassette.

LE
SENSUALISME CONTEMPORAIN

Imprimatur.

P. CHAUMONT,
vic. gén.

Clermont, le 20 février 1903.

Cette conférence a été donnée dans la cathédrale de Clermont pendant la station quadragésimale de 1903.

CETTE BROCHURE A ÉTÉ DÉPOSÉE LE 5 MARS 1903.

Tous droits réservés.

ABBÉ PLANEIX

LE

SENSUALISME

CONTEMPORAIN

PARIS
LIBRAIRIE P. LETHIELLEUX
10, Rue Cassette.

LE SENSUALISME
CONTEMPORAIN

Le sensualisme est le mal de tous les temps, parce qu'il est le fruit de la faute originelle. Tout homme, en quelque siècle qu'il vive, en quelque lieu qu'il soit, en porte le foyer au fond de son être. Personne n'échappe à ses atteintes, et les plus grands génies eux-mêmes, les cœurs les plus sublimes en ont souffert. C'est l'aveu que nous font les Paul, les Jérôme, les Augustin, quand ils crient, de leur bouche dolente et passionnée, les angoisses de la lutte contre les sens et les déchirements de l'âme que les vices tirent en bas par sa robe de chair.

Mais si l'ennemi est toujours en nous, s'il est assis au cœur même de l'humanité, sous une tente d'où il est impossible de le chasser, il n'a pas toujours une égale violence, ni un égal triomphe; il n'exerce pas toujours les mêmes ravages. Dans l'existence des peuples comme dans celle des individus, il y a des époques calmes où la vie cérébrale, les influences religieuses, les bons exemples défendent les hommes contre la domination de la chair. Il y a aussi des crises de jeunesse et des âges de décrépitude où, dans l'homme, la bête enchaîne l'ange et où la corruption a des triomphes incontestés.

Nous sommes à une de ces époques, qu'il s'agisse de décomposition sénile, ou, si vous l'aimez mieux, de crise de jeunesse. Ce n'est pas que je veuille dire que nous ayons monopolisé le vice dans notre temps et dans notre pays. Ce serait une de ces exagérations systématiques et gratuites que l'histoire dément. Le vice est de tous les peuples et de tous les âges ; mais nous pouvons avancer, sans outrer en rien les responsabilités de notre siècle, que l'affaiblissement des croyances religieuses, qui sont le meilleur frein des passions, les progrès de la science, qui ont transformé les conditions de la vie matérielle, un amour désordonné de la jouissance ont établi notre génération dans un état de crise morale.

Les crises s'achèvent par une mort ou par une résurrection. Le monde romain mourut de son engourdissement. La France triompha du sensualisme de la Renaissance. Qu'adviendra-t-il cette fois? Sera-ce la vie ? Sera-ce la décadence et la mort? Les moins clairvoyants remarquent à l'horizon des nuages sombres qui recèlent des tempêtes et nous entendons tous des craquements sinistres dans les fondements de la société. Quand le sol tremble ainsi, c'est qu'une catastrophe se prépare. Et il se peut, en effet, que des catastrophes se produisent, que nous en soyons les témoins et même les victimes. Mais non, nous devons espérer que la France, si glorieusement protégée par Dieu en tant de circonstances critiques, sortira purifiée et plus forte de ces épreuves nouvelles. D'ailleurs, après Dieu, cela dépend de nous. Il en sera comme nous voudrons, et c'est pourquoi il importe de regarder à nos mœurs et de voir où elles nous mènent.

Le sensualisme, c'est le triomphe des organes et des sens sur l'intelligence, de l'animalité sur l'esprit, du corps de boue sur l'âme immatérielle et pure, la glorification de la matière, la déification de la jouissance : principes redoutables qui, poussés à leurs conséquences, feraient de l'homme une bête sensuelle et avilie, et d'une nation un sérail déshonoré.

Or, notre société est tout imprégnée, toute gonflée de sensualisme ; nous ne pouvons pas ouvrir les yeux ni prêter l'oreille sans en voir et sans en entendre les manifestations.

Il éclate dans le luxe babylonien de notre temps, qu'il s'agisse de l'habitation, de la table ou de la parure.

Que l'homme ait besoin d'un abri contre le ciel inclément et contre les fauves, que même il ne soit pas obligé de se contenter, comme les vieux ermites, d'avoir pour gîte une crevasse dans le roc et pour lit une natte sur le sol dur, j'en conviens volontiers. Qu'il lui soit permis de bâtir avec grandeur et magnificence, je n'y contredis pas. Nos ancêtres ont élevé les cathédrales ; Louis XIV a fait Versailles, et toutes les générations admireront ces coups de maître du génie. Mais le luxe, ce n'est ni la grandeur, ni la magnificence, c'est l'inutilité coûteuse. Où est la vraie grandeur dans ces constructions toutes de devanture, à l'aspect multicolore, au style tapageur et heurté, qui s'élèvent le long de la voie publique comme une provocation bruyante à l'adresse des malheureux qui n'ont pas d'autre salon que les jardins publics, ni d'autre abri que le firmament quand il fait beau, les arches des ponts quand il fait mauvais? Où est l'inspiration qui a soulevé ces pierres pour leur donner un sens et une portée? Ce qu'on a désiré, en bâtissant ces palais sans grandeur et sans goût, c'est le confortable, pour y enchâsser le jouisseur comme un objet d'art dans un écrin précieux. Ce qu'on a voulu, en les meublant, c'est une organisation tout asiatique, où l'indolence pourra se complaire et la mollesse se trouver à l'aise. Le téléphone et l'électricité courent d'une extrémité à l'autre afin que le maître, en un clin d'œil, puisse avoir à ses pieds, non pas encore des esclaves, mais des serviteurs tremblants, empressés à augmenter ses jouissances et à supprimer les incommodités. Ce qui frappe de toutes parts, c'est la multitude des objets prétentieux qui ne servent pas : les étagères couvertes de bibelots, les meubles surchargés de riens inutiles et coûteux. Chaque année on y ajoute ; chaque jour on passe une heure à épousseter avec un plumeau, qui lui-même est peut-être un objet d'art, toutes ces frivolités, dont personne ne peut dire à quoi elles servent, ni ceux qui les vendent, ni ceux qui les achètent, ni ceux qui les époussettent.

Quand on visite la demeure des papes à Rome,

on est frappé de la simplicité qui y règne, toute faite de grandeur incomparable et d'esprit évangélique. Depuis cinquante ans, on n'y a vu, dit-on, ni meubles nouveaux, ni changements d'aucune sorte, sauf que les escabeaux de bois où figuraient le nom de Grégoire XVI et celui de Pie IX ont été repeints pour recevoir celui de Léon XIII. Et cependant, de l'aveu de tout l'univers, il n'y a rien de plus grand que le Vatican. Pendant ce temps-là, le moindre bourgeois de province change de mobilier au moins trois fois dans sa vie et remplit sa maison de toutes les fantaisies inventées par un luxe de mauvais goût.

L'amour de l'inutilité somptueuse va plus loin. On a vu fréquemment dans une nation voisine, en Angleterre, et quelquefois chez nous, de riches personnages bâtir des palais somptueux pour y loger... qui donc ? Les pauvres ? Les vieillards indigents ? Non ; des chats délaissés ou des chevaux fourbus. Écuries de marbre, crèches d'ivoire, râteliers d'acajou, litière servie par des laquais chamarrés d'or, des journaux complaisants nous ont appris que tout était prévu. Il ne manque plus qu'une loi du Parlement pour élever les plus méritants de ces animaux à une dignité publique, comme le Sénat de la décadence éleva aux honneurs du consulat Incitatus, cheval de Caligula.

Alors qu'arrive-t-il? Je n'ai pas besoin de consulter la religion pour le dire. L'histoire témoigne que les peuples amollis ont de la peine à se tenir longtemps debout. C'est le paganisme qui nous apprend que les vieilles vertus vécurent avec la vieille simplicité au temps où Cincinnatus menait la charrue de ses mains consulaires. Mais quand Rome eut plié sous les dépouilles de l'univers, quand les bains des Césars, avec leurs mille sièges de marbre, ne suffirent plus à la mollesse du peuple-roi; quand les fils de ces guerriers qui avaient essuyé les feux et les glaces de tous les climats ne trouvèrent plus, dans leurs palais, ni de sièges assez soyeux pour se reposer, ni d'essences assez fines pour se parfumer, alors l'empire fut perdu. Les barbares vinrent; des hommes vêtus de peaux de bêtes et habitant sous des tentes balayèrent cette race dégénérée.

L'homme doit se vêtir pour se protéger contre les intempéries d'un ciel inclément. Mais vous savez comme moi, et vous, Mesdames, vous savez bien mieux que moi, à quelles folies de costume et de parure on a abouti dans notre temps, comment on est arrivé à faire de la couverture l'accessoire, de l'ornement, l'essentiel, et comment même on en vient, sous prétexte de s'orner mieux, à se couvrir moins...

Et ces ornements ne sont jamais ni assez riches, ni assez coûteux, ni assez entassés. Isaïe les voyait-il quand il détaillait la parure des filles d'Israël : « des croissants d'or, des colliers d'or, des bracelets d'or, des boîtes de parfums, des diadèmes de pierreries retombant sur le front et sur les joues, des ceintures d'or, des poinçons de diamants, des écharpes de soie fine » (1).

Rappelez-vous Mme de Sévigné, décrivant une robe, dans une page célèbre : « d'or sur or, rebrodée d'or, et par dessus un or frisé, rebroché d'un or mêlé avec un certain or, qui fait la plus divine étoffe qui ait jamais été imaginée ». Grâce à l'esprit de la célèbre moraliste, cela est devenu un chiffon historique. Il s'agissait sans doute de la robe de quelque grande dame de la cour. Je pense qu'il n'y a pas beaucoup de modistes aujourd'hui, qui n'aient la pareille dans leur armoire, ni de courtisanes qui n'en étalent d'aussi somptueuses dans les bals de faubourg. Telle faiseuse en vogue de la capitale gagne cent mille livres par an. Il y a des femmes du monde qui ont à leurs mains ou dans leurs cheveux pour

---

(1) Isaïe, 3, 16 et suiv.

plusieurs centaines de mille francs de bijoux. Elles portent à leur cou, pendue à un fil, dit Bossuet, la subsistance de vingt familles.

Jusqu'à notre temps, il semble que le luxe de la parure ait été le privilège des mondaines ; aujourd'hui il gagne même les jeunes gens. Que voulez-vous ? Ils ont été élevés dans la ouate et dans le duvet ; ces pauvres corps, si flattés, si parés, se sont amollis ; ces esprits se sont tournés à la frivolité vide ; ces volontés se sont épuisées sur de petits désirs à ras de terre, dans des intrigues de salon et de boudoir. Les voilà maintenant, ces adolescents, devant leur table de toilette, occupés à se parfumer de fines essences, à se vêtir de riches étoffes et de parures efféminées. Ecoutez donc : on frappe à la porte de ces sociétés du luxe. C'est l'émeute, c'est la révolution sociale, ce sont les barbares... Où sont les bras qui vont se lever pour saisir la vieille épée des ancêtres ? Ces amollis vont-ils se transformer en guerriers ? Leurs mains soyeuses soulèveront-elles les foudres de bronze ? Et va-t-on trouver pour la première fois sur un champ de bataille des héros en corset ? Car le cœur de ces soldats est enfermé, comme un cœur de femme, dans un corset !
— Voyez : cette armée d'efféminés prend peur ; elle tremble et cherche d'un regard épouvanté

par quels sentiers elle poura se ménager une fuite plus prompte et plus sûre.

Se nourrir pour vivre, c'est le droit de la nature. Et même ne pas se contenter, comme les moines antiques, de manger des racines, mettre dans les apprêts de la table une certaine délicatesse de goût, une recherche de saveur fine, c'est un plaisir assez bas, mais c'est un plaisir permis. Il y a dans les plaisirs licites une hiérarchie de noblesse et d'honneur. Ils sont bas quand ils réjouissent seulement nos facultés extérieures; ils s'élèvent, ils atteignent les sommets quand ils nous font savourer les délices de biens supérieurs et divins. Si quelqu'un doutait de ces préséances, il n'aurait qu'à descendre en lui-même et à voir, dans son cœur sincère, ce qu'il estime le plus : une grande âme, émue et muette, en contemplation devant quelque chef-d'œuvre des arts, ou un brave homme absorbé dans le fumet d'une dinde truffée. Or, une race d'hommes s'est levée qui mettent au-dessus de tout les chefs-d'œuvre du cordon bleu. Ils regrettent, je le crains, d'être nés trop tard dans un monde trop vieux, de n'avoir pas vécu au temps où un Vitellius dépensait pour le moindre de ses repas 400.000 sesterces, 64.000 francs de notre monnaie, où un

simple bourgeois, Apicius, jetait en une année
2.500.000 livres à sa gloutonnerie, où ces Romains de la décadence, ces estomacs, *vivite ventres*, disait Lucilius, appelaient divin le plaisir de manger et de demeurer ensuite, jusqu'au repas suivant, dans de grands silences qu'interrompaient seulement les remords indiscrets d'une digestion surchargée. La gourmandise, dit le dictionnaire de Trévoux, n'est pas un vice des honnêtes gens. On en est bien revenu, et ce qui a les faveurs du grand nombre, ce n'est plus la simplicité des belles époques françaises, mais une gastronomie incendiaire qui corrompt le sang et éveille toutes les fièvres. Quand les plaies de la France saignaient encore, après les horreurs de la Commune et près des Tuileries fumantes, un cercle de beaux esprits fit une fête retentissante... Savez-vous à qui ? A quelque général qui avait essayé de raccrocher à notre drapeau la fortune infidèle ? Non pas. A un restaurateur, parce que, durant tout le siège de Paris, pendant que nos soldats, sur les champs de bataille et sur les remparts, mangeaient, et non pas à leur faim, du pain noir et du cheval, il leur avait ménagé tous les jours un bien bon dîner... Renan, le délicat Renan en était, et il célébra dans sa prose charmante le plaisir de bien manger.

Le théâtre et la littérature sont ordinairement le reflet de la vie d'un peuple. Que seront-ils donc dans une nation en proie au sensualisme? Autrefois, pour trouver sur le théâtre français des couronnes et des ovations, il fallait être un homme de génie; aujourd'hui, c'est assez de la lubricité pour y recueillir une gloire prompte et malhonnête. Au fond de presque tous les drames modernes, que voit-on ? La passion qui prime la conscience, le vice qui insulte la vertu, le corps qui triomphe de l'âme, la sensation qui remplace le devoir, l'amour du bien tenu pour une sottise et une naïveté, l'adultère regardé comme une bonne fortune, la fidélité comme une chaîne insupportable et méprisée. A ce sensualisme du fond, vous pouvez ajouter toutes les provocations de la forme, les prestiges des décors, des costumes, des attitudes, les fascinations des tableaux vivants. Ce que va voir sur les tréteaux un public frivole et affamé d'émotions, ce n'est plus le jeu sublime des hautes passions de l'âme, mais la sarabande effrontée de filles déshabillées, et la grande vogue est aux théâtres où elles défilent sous les yeux des spectateurs, plus nombreuses, plus nues, plus impudiques. Les recettes que cela leur vaut sont effrayantes, et elles ne suffisent pas cependant à entretenir leur luxe inouï ; il y faut le budget de l'État. Il met gracieusement aux pieds d'une danseuse l'argent des contribuables, et c'est par centaines de mille francs qu'il subventionne chaque année la volupté. Pères de famille, travaillez ; laboureurs, creusez votre sillon ; brisez vos membres en arrachant la houille ou en forgeant le fer, pauvres ouvriers. En sautant quelques minutes sur les planches d'un Opéra, une danseuse va gagner ce que vous ne gagnerez jamais en toute votre vie de privations et de labeurs.

Ainsi le théâtre moderne n'est plus le lieu où se déroulent les grands drames de la vertu ou de l'amour ; la maison de débauche y a passé avec son insolence et sa lubricité ; l'art n'y est qu'un prétexte à la licence ; les Madeleines sans repentir en peuplent les pièces, l'impudeur en occupe la scène, l'intrigue en remplit les coulisses.

La même enseigne et la même flétrissure ne conviendraient-elles pas à ces lieux de divertissement, cafés-concerts, restaurants à deux fins, qui élèvent la prostitution à la hauteur d'une institution patronnée par une réclame effrontée et trop souvent appuyée par la faveur des puissants ?

Le sensualisme des danses modernes est à la

hauteur du sensualisme des spectacles. Les théologiens de jadis se sont livré des batailles pour savoir si toutes les danses sont foncièrement mauvaises. Comme elles ont pour but de traduire par des mouvements cadencés les passions de l'âme, et que ces passions sont bonnes ou mauvaises, peut-être serait-il permis de dire que, théoriquement du moins, elles peuvent être ou des amusements coupables ou d'innocents ébats. Ce qui n'est pas douteux, c'est que, dans tout le paganisme, elles furent les pourvoyeuses attitrées de la luxure. A partir du jour où le christianisme eut pris pied, elles disparurent ; on n'entendit plus parler de ces délassements voluptueux qui souillaient les familles, les fêtes publiques, et jusqu'aux temples des dieux. Mais elles ont reparu dans notre société de nouveau paganisée, à peu près telles qu'elles furent au temps des orgies dansantes des époques idolâtriques. Que fait le monde, le monde aristocratique, le monde opulent, le monde bourgeois, le peuple même ? Il s'enivre de ces plaisirs si capiteux, de la valse, des bals masqués, parés, non parés, habillés, déshabillés, vêtus ou non vêtus, dont tous les peuples païens furent si friands. Que font vos femmes, vos filles ? Elles se fatiguent de plaisir et de volupté. Dans tous les salons où l'on s'amuse, elles étalent toutes les nudités les plus provocantes, sous prétexte d'obéissance à la mode et avec une effronterie que les siècles chrétiens réservaient aux courtisanes. Des pères honorables, des mères chrétiennes se rencontrent qui, subjugués, eux aussi, par la puissance du préjugé, livrent leurs enfants à des tourbillonnements sensuels, à des attitudes, à des poses, à des contacts, à des enlacements charnels, qui réjouissent les vicieux et compromettent les innocents.

Oh! je vois bien ce que vous voudriez me dire.

Vous voudriez me dire qu'il est bien imprudent de parler de ce que l'on ne connaît pas, et que, n'étant pas du monde, je ne puis pas connaître le monde.

C'est vrai, je ne suis pas du monde ; mais les nouvelles que je vous en dis, c'est vous qui me les avez apprises ; je ne fais que vous rappeler vos confidences ; c'est lui du moins qui me les a contées. Il ne tient pas sa maison si bien close qu'on ne puisse y voir par les portes et les fenêtres. Loin d'imposer des serments de discrétion, il prend soin de s'assurer que ses journaux détailleront le programme de toutes ses fêtes, le menu de tous ses dîners, qu'ils étaleront les titres de ses hôtes, les toilettes de ses invitées, qu'ils compteront les bougies de ses torchères et, dans ses corbeilles, les boutons de ses roses.

S'il y a des dehors que l'on cache, et il y en a beaucoup, ceux-là, les livres, les romans, documents réalistes, les mettent à nu, les exhibent au grand et triste jour que le soleil du bon Dieu fait luire sur ces laideurs défardées.

Je pense que vous m'accorderez tout au moins la compétence nécessaire pour parler du sensualisme de la rue, et que vous conviendrez facilement avec moi qu'elle est devenue presque un mauvais lieu, tant le papier, les gens et la pierre même s'y donnent de licence.

Il ne faut rien outrer, assurément; nous ne saurions admirer les théories des précieuses de Molière ou de ces puritaines de Philadelphie qui, raconte Dikens, faisaient des bas de mousseline aux pieds de leurs pianos, de peur de les laisser voir nus; mais je vous demande si le père le plus affranchi des préjugés peut décemment permettre à sa fille de s'arrêter quelque temps devant certaines vitrines, certains kiosques, certaines bibliothèques de gares, certaines affiches ?

Ce qu'elle verrait à l'étalage de telle et telle librairie, ce sont des livres qu'un honnête homme hésiterait à déposer dans un corps de garde. Non seulement le romancier a enveloppé dans leurs pages souillées toutes les malpropretés que peut produire une imagination habituée à trier des immondices, mais leur titre seul est déjà une leçon de dépravation ; sur leur couverture s'étalent, provoquant les yeux même des enfants, des gravures obscènes, des figures parlantes, des attitudes, des poses voluptueuses, qui sont tout un enseignement d'immoralité.

La vénalité sans scrupule, qui consiste à battre monnaie en enflammant le vice, a inventé et savamment organisé des industries multiples : l'affiche, l'affiche immense, tapageuse, qui force le regard par ses annonces impudentes ou par ses illustrations éhontées ; — la carte postale soi-disant artistique, disposée de telle façon que ce carré de papier, brusquement éclairé comme une vision troublante, fait entrer sous les paupières surprises les plus lascives images ; — ces feuilletons, ces livraisons de romans, ces feuilles multicolores, qui se jettent au visage du passant, qui essayent de s'accrocher à lui, de salir, même malgré lui, ses yeux, à travers les yeux, son imagination, à travers l'imagination, son cœur, à travers le cœur, sa vie.

Les journaux nous disent parfois qu'entre gens

du peuple, sous la pression de la haine ou de la vengeance, on jette à l'adversaire du vitriol à la figure. L'acide brûle, les yeux s'éteignent, les chairs tombent. Dans vos rues, sur vos places publiques, sur vos boulevards, se tiennent en foule des gens tout prêts à assaillir les passants, vos femmes, vos filles, vous-mêmes. Ils ne leur jettent point de vitriol au visage ; ils leur jettent un corrosif qui défigure et qui désorganise l'âme bien plus sûrement, bien plus irrémédiablement, que l'acide ne désorganise la chair. Et la société, qui envoie au bagne les brutes capables d'un tel crime contre leur ennemi, laisse des industriels sans pudeur accomplir au grand jour un attentat bien pire : car le poison, le venin qu'ils répandent est plus brûlant, plus terrible que le vitriol ; ce n'est pas le visage qu'il ronge, c'est l'honneur, c'est la vertu, c'est l'âme humaine !

La voilà donc la vie moderne, telle que le sensualisme l'a faite, la vie du salon, du boulevard, du théâtre, la vie dégagée des préjugés, et ses environs les plus proches. Mais ce n'est pas tout.

La littérature d'un peuple est l'expression de sa vie réelle. Notre littérature s'est donc emparée de cette vie sensuelle et désordonnée ; elle l'a reproduite dans des tableaux réalistes, elle l'a exagérée par des fictions échevelées, elle s'est efforcée d'en accroître et d'en faire goûter par tous la griserie troublante.

Notre littérature est devenue la plus immorale qu'on ait jamais connue, et si la société revient quelque jour à des goûts de propreté, elle devra faire pour ces livres ce qu'on fit à Naples quand on déterra les bijoux impudiques des dames romaines : un musée secret.

J'ai voulu me renseigner avant de toucher ce point et savoir par le menu le catalogue des livres qui ont cours dans le monde, j'entends le monde honnête, celui dont on dit qu'il se respecte.

Or, si l'on prend ces catalogues par les deux bouts, on arrive assez vite à se faire une idée juste de ce que sont les livres en vogue.

Que voulez-vous qu'on en dise ? Au point de vue littéraire, à part deux ou trois exceptions, ils sont absolument insignifiants. Ce n'est point par l'éclat et la magie du style qu'ils charment ; on a pu dire qu'ils sont un outrage à notre langue si pure, si simple, si belle. Ce qu'on y trouve, ce n'est pas l'élévation des sentiments, la grandeur, l'originalité de la pensée. Leurs auteurs se bornent à chanter l'amour des sens comme le chantèrent les païens, Anacréon, Lucrèce, Ovide, Catulle. Des sommets de la véritable inspiration, leur muse est tombée dans la fange des égouts. Le sensualisme lui a mis de la boue sur les ailes. Elle se traîne et ne peut s'élever plus haut que le monde des sensations.

Au point de vue moral, vous ne sauriez imaginer un pire cloaque que le roman contemporain. Ce qui a les faveurs du public, ce qui se répand à grand tirage, ce n'est pas le roman qu'on est convenu d'appeler vertueux, on le réserve aux petites pensionnaires ; ce n'est pas même le roman honnête, il est bon pour les jeunes filles ; c'est le roman leste, risqué, et surtout le roman malhonnête, des livres tels qu'ils relèvent beaucoup moins, au jugement de tout homme sensé, de la critique littéraire que de l'administration de la voirie. Je vous défie de trouver un roman en vogue, qui n'ait pour base l'adultère, et qui ne tire son intérêt d'une intrigue immorale. Il y faut de l'amour impudique, et il est même d'autant plus intéressant qu'il y en a davantage, et que, d'un bout à l'autre, on entend retentir plus sonore, plus frémissant, ce hennissement de volupté qui secoue les flancs de l'humanité dépravée.

L'action du roman est puissamment soutenue par une invention plus récente, mieux accommodée à notre frivolité, le journal amusant, le feuilleton, que vous pourriez définir, tel qu'il existe aujourd'hui : l'art de mettre dans le moins de pages possible le plus d'immoralité qu'on peut. Il ne vit guère que de scandales ; il n'enseigne point d'autre morale que les règles du sport et des clubs à la mode, d'autre histoire que les anecdotes des coulisses de théâtre et les grivoiseries des femmes perdues.

Or, savez-vous quelle est la quantité annuelle de ces productions qui, aidées de la gravure, de la lithographie, de la musique, se mettent au service de la passion ? On en a fait la statistique. Nous sommes, comme chacun sait, dans le siècle des statistiques, et il n'y a presque pas de preuve qui vaille pour nos contemporains, si elle n'est appuyée par une statistique. On a compté qu'il s'édite annuellement en France de 7 à 8.000 romans, et que plus de 150.000 journaux vont porter chaque matin au dernier paysan qui fréquente le cabaret du dernier village sa provision quotidienne d'obscénités. Notre littérature a ainsi répandu partout les influences corruptrices du sensualisme, dans la mansarde, dans l'atelier, dans les salons, dans les boudoirs, dans le secret des tiroirs bien clos, jusque sous l'oreiller des nuits: Elle en couvre la France comme d'un chancre qui la ronge ; elle en passe même les frontières, et c'est avec raison qu'on nous a accusés d'enivrer le monde entier du vin de notre lubricité.

Quelle pourra bien être la conséquence sociale de ce débordement d'immoralité ? Continuez, écrivains, pamphlétaires, journalistes, à répandre les mauvais livres et les mauvais feuilletons ; étalez à toutes les vitrines les publications les plus licencieuses ; remplissez toutes les bibliothèques de drames corrompus, et il ne restera plus bientôt, vous le verrez, qu'à sonner le glas funèbre sur un peuple qui va mourir, et qu'à lui creuser un tombeau sans honneur que l'histoire fermera sans regret.

Le sensualisme contemporain a de bien autres manifestations, et je ne saurais les énumérer toutes. J'en signale une venue d'où on devait le moins l'attendre, de la religion. Une religion est née, que nos pères ne connaissaient pas : religion étrange, où le sentiment seul est le fond, tandis que le reste, dogme, précepte, culte, est l'accessoire ; le christianisme, moins l'austérité qui en est la base, moins le sacrifice qui en est l'esprit ; christianisme sensuel, qui voudrait unir les enivrements de la terre aux enivrements du ciel, rêverie sentimentale, douce mélancolie, vague aspiration, religion qui pourrait être celle des poètes, des artistes, des amants, mais qui n'est pas la religion de Jésus-Christ.

Elle a tenté d'envahir le sanctuaire ; et si, fidèle aux traditions du Calvaire, le prêtre n'eût pas été là avec sa croix pour l'arrêter, le sensualisme fût venu nous demander, devant nos autels, des chants comme ses chants, des harmonies comme ses harmonies, des spectacles comme ses spectacles, une parole comme sa parole. Il eût demandé au prédicateur de l'Evangile de conspirer avec la faiblesse du siècle et de se faire, non plus l'organe de la vérité, mais l'instrument de vibrations et de tressaillements sensuels.

Il s'applique chaque jour avec un succès croissant à déparer et à rapetisser nos églises que la religion vraie avait faites si grandes, si noblement et si pieusement ornées. A la place des décorations sobres et antiques, il étale le clinquant prétentieux des décorations modernes ; sur le piédestal de nos vieux saints taillés dans le bois, la pierre ou le marbre, il dresse des terres cuites badigeonnées, des saints aux pommettes roses et aux joues bien rasées ; au lieu de notre ancienne imagerie religieuse, d'une inspiration si pure et si élevée, il répand cette imagerie mignarde et ridicule, où l'on voit des troupes de colombes qui rament à tire d'ailes dans des barques agitées, ou qui boivent en frémissant dans des calices, ou qui becquettent, en roucoulant, dans un cœur blessé. Il détourne les croyants des grandes dévotions du passé, qui avaient fait à nos ancêtres une foi si robuste, la Croix, l'Eucharistie, la Vierge, pour les livrer aux dévotions modernes, efféminées, fades, faites de pâte de guimauve et de fleur d'oranger, et si nombreuses que les âmes sont incertaines de savoir à quel saint il convient de donner la préférence et devant quelle niche il faut se prosterner plus longtemps.

Ce sensualisme éclate, à l'église même, en mille petites manifestations, souvent inoffensives, mais caractéristiques. Les rudes chrétiens d'autrefois, quand ils priaient Dieu dans sa maison, se mettaient volontiers à deux genoux, et même sur la pierre nue. Ceux de notre temps se tiennent debout, le front haut, le regard ferme, les lèvres closes. Quant aux personnes de piété, il est assez de coutume, en certaines églises, qu'elles se réservent des prie-Dieu de velours. Je n'y contredis pas ; c'est leur plein droit. Et après tout, elles sont si pieuses, elles font partie de tant d'œuvres, elles dirigent tant de confréries et le disent si haut, elles sont, en un mot, si chrétiennes

jusqu'à la moëlle qu'elles ne doivent avoir, je le
crois bien, de païen que les genoux, lesquels ont
horreur de la gêne. Vous avez peut-être remarqué comment, leur prière finie, par un dernier
raffinement d'égoïsme et de sensualité, le riche
agenouilloir se relève sur ses charnières, et une clé
mignonne et polie le fixe... à quoi donc, pensez-vous? Généralement à une croix qui s'incline et
où s'accroche le pêne de la serrure. Oui, c'est
cela. Ne trouvez-vous pas qu'elle a été inventée
aussi par une religion bien austère et éclairée,
cette croix placée là, et qui a mission de protéger
contre les genoux des profanes ce velours sacro-saint ?

Ce sont de pieux enfantillages. Mais ce qui n'est
pas un enfantillage, ce qui est grave, ce qui engage l'avenir de notre pays, c'est le sensualisme
de la littérature, du théâtre, de la rue.

Si vous éveillez dans les âmes tous les appétits, si
vous ôtez tous les freins, si vous saturez le peuple
de tout ce qui abaisse l'âme, si vous le sevrez de tout
ce qui l'élève, comment ne le mèneriez-vous pas
à la décadence? Ce qui fait un peuple grand et
fort, c'est l'élévation des pensées, l'énergie des
caractères, l'austérité des mœurs ; ce qui l'anémie,
ce qui le perd, c'est la mollesse, la jouissance, le
plaisir, le sensualisme.

C'est pourquoi, ô société corrompue, écoute la parole du prêtre : tu changeras de route ; tu jetteras à terre tes idoles de chair et de sang, tu les remplaceras par des autels sans tache ; tu fouleras aux pieds la philosophie méprisable des jouissances matérielles. Journaux, revues, romans, théâtres, que tout ce qui prêche le plaisir à tout prix devienne l'objet de ton exécration ! Refais-toi une conscience indignée et vengeresse, qui refoule ces infamies dans l'ombre. Autrement, ô hommes de ce XXe siècle, quand même vous tripleriez la vitesse de vos chemins de fer, quand vous inventeriez des ailes pour traverser les airs, quand vous dépasseriez toutes les prodigieuses découvertes qui sont votre gloire et votre orgueil, si vous ne remettez pas dans les âmes le sacrifice, le désintéressement, le mépris de la terre, vous perdrez la société, vous la jetterez dans un de ces abîmes où il y a moitié de boue et moitié de sang ; vous lui préparerez à bref délai un tombeau, et ce sera un tombeau déshonoré !

Les conséquences du sensualisme ont été dépeintes si souvent par les maîtres de la parole qu'il serait à peine utile et qu'il pourait être téméraire d'en refaire longuement le tableau.

Ils ont montré, en invoquant les données de l'expérience même, qu'il énerve, affaiblit, paralyse l'intelligence. « J'ai connu, dit un médecin (1), des enfants parfaitement doués qui, au bout de deux ans, n'étaient plus reconnaissables. L'un d'eux s'est gâté comme à vue d'œil. En peu de temps son intelligence s'est émoussée. — Ce malheureux enfant avait épuisé les ressources qu'il tenait de la nature ; le vice avait détruit en lui les ressorts de l'intelligence. Vainement, la tête entre ses mains, il étudiait patiemment; l'esprit était devenu rebelle. L'abus de la sensation avait détraqué pour toujours cet esprit excellemment doué. » « La perversité des sens, dit un autre médecin, produit souvent un affaiblissement très marqué de l'intelligence et particulièrement de la mémoire. Des jeunes gens qui avaient précédemment donné des témoignages non équivoques d'une certaine vivacité d'esprit et d'aptitude à s'instruire, deviennent, après s'être livrés à des habitudes coupables, comme hébétés et incapables de toute application. »

(1) V. Bougaud, *Le christianisme*, I, 135.

Une intelligence servie par une chair sensuelle est impuissante. Pour grandir et pour réaliser des œuvres sérieuses, elle a besoin d'organes calmes et souples, d'un sang pur, de nerfs apaisés et forts. Troublez les sens, appauvrissez et empoisonnez le sang, secouez les nerfs avec une violence spasmodique, enténébrez le cerveau par des images grossières, et l'intelligence décline, son harmonie est détruite, sa vigueur est paralysée. Un esprit hébété, languissant, une mémoire lâche, des conceptions balourdes, voilà le résultat de la désorganisation produite par le sensualisme.

Aussi répète-t-on à satiété, mais non sans motif, que l'intelligence, en notre temps, a subi une baisse déplorable. D'autres siècles ont eu le goût de la vie intellectuelle au point d'en venir à des subtilités d'enseignement et de discussion qui nous semblent ridicules, mais qui étaient la preuve d'une merveilleuse ardeur pour les choses de l'esprit. Notre temps a fait le contraire; il s'est attaché aux joies de la terre ; il les a recherchées et raffinées avec un art que la civilisation païenne connut à peine, et il s'est dépris dans la même mesure des choses de l'esprit. L'intelligence n'aspire plus aux sommets; elle a peur du vertige ; elle aime à aller terre à terre; elle s'est comme embourgeoisée. Des machines, qui suppléent aux bras de l'homme et augmentent le bienêtre, des inventions qui facilitent la vie, des entreprises et des calculs qui produiront la richesse, et par la richesse, la jouissance, voilà l'objet de ses admirations ; mais la haute philosophie, les profondeurs de la théologie, l'âme et ses destinées, les mystères de l'invisible, la contemplation de Dieu, elle en a médiocre souci. Aussi notre génération a eu des artistes, des poètes, des lettrés, des savants, autant peut-être qu'aucune autre ; mais où sont les œuvres qu'elle a marqués pour l'immortalité ? Ah ! si ces hommes étaient restés fidèles à leur mission, ils auraient réalisé de grandes choses, et par eux l'humanité aurait fait des progrès glorieux ; mais le sensualisme les a paralysés. Que d'étoiles n'avons-nous pas vues tomber du ciel de la poésie, de l'éloquence, de la littérature ! Que de poètes, jadis sublimes, sont devenus les chantres des sensations ! Les aigles ont été précipités des hauts sommets et ils se sont enfoncés dans la boue de tout le poids de leur chute.

Et s'il est ainsi des grands esprits, que sera l'incapacité intellectuelle de la foule ? Pour la plupart de nos contemporains, qu'est-ce que l'âme, Dieu, le bien, le mal, les grands problèmes qui ont toujours passionné l'humanité ? Où les étudient-ils? Que lisent-ils? Ce n'est pas seulement le livre sérieux, si cher à leurs ancêtres, qui est tombé de leurs mains, mais tout écrit, si minuscule soit-il, qui traite de questions élevées. Leur esprit anémié ne digère plus d'autre nourriture que le journal, et non pas le journal scientifique ou politique, mais le journal amusant, fait de cancans de boulevard, d'historiettes grivoises, d'anecdotes graveleuses. Voilà l'aliment quotidien de ce peuple qu'aucun autre, depuis la Grèce, n'avait égalé dans les dons de l'esprit. Que le sensualisme achève son œuvre, chassant de plus en plus de l'âme française l'élévation, la noblesse, la gravité, et ne lui laissant que la licence ou la frivolité, et vous verrez ce qui adviendra. Nous serons encore la Grèce peut-être, mais non plus la Grèce du temps de Périclès ; nous serons la Grèce du temps de Cicéron, à laquelle les Romains demandaient des grammairiens et des histrions qu'ils payaient en les méprisant. Vains de notre grandeur évanouie, nous fatiguerons la terre des noms de Bossuet, de Pascal, de Corneille, de Descartes ; mais sur nos lèvres dégénérées, ces noms illustres ne serviront qu'à nous accuser et à montrer combien a été grande notre décadence : corrupteurs aimables, amuseurs stériles, voilà tout ce que le sensualisme aura fait de nous.

Le sensualisme impose à la volonté les mêmes déchéances qu'à l'esprit. Il fait de l'homme un être amoindri, une insignifiance et une nullité morales, une âme rebelle à l'abnégation et au sacrifice, la proie de tous les égoïsmes.

Un des signes de notre temps, de l'avis des moins pessimistes, c'est l'effondrement des caractères. Il n'y a plus d'hommes, dit-on. Pourquoi? Parce que les hommes n'ont plus à leur service qu'une volonté efféminée, sans ressort, molle comme de la charpie. Elle n'a point d'ancres; elle est vague, flottante, sans racines. Étonnez-vous que toutes les forces manquent à la fois : la force du riche, qui devrait trouver dans sa richesse même une nouvelle occasion de se dévouer; la force du pauvre, qui devrait porter le poids de sa misère sans murmure et sans haine; la force de l'homme public, parlant, votant, agissant dans sa pleine indépendance; la force du subordonné, obéissant sans doute, mais jusqu'à la limite de l'honneur et de la conscience; la force de l'écrivain, qui respecte sa plume et sa mission.

Il s'agit bien de force! Une unique passion règne sur l'âme populaire: la passion du bien-être, le désir de la jouissance. Et comme pour jouir il faut posséder beaucoup, cette avidité du plaisir produit une soif insatiable de l'or. Toutes les classes se précipitent pêle-mêle vers cet or, seule noblesse désormais, seul honneur, seule considération. Dans les charges publiques, ce qu'on recherche, ce qu'on convoite, ce qu'on mendie humblement, ce n'est ni l'honneur, ni même les honneurs, c'est l'argent. Les places se mesurent à leurs appointements. Et ce qui est triste, c'est que plus les appointements augmentent, plus l'indépendance diminue. Avec l'argent qui s'entasse, la liberté s'en va. Cette contagion gagne même ceux qui ont une situation indépendante. Mus par le même amour de la jouissance, ils se jettent dans l'agiotage, y exposent le pain de leurs enfants, sachant d'ailleurs que, s'ils échouent, l'Amérique pourra les recevoir ou le suicide les délivrer.

Le dévouement aux grandes causes, le zèle pour la vérité, la lutte pour le bien, le patriotisme deviennent lettre morte. A vingt ans, la jeunesse est déjà sans enthousiasme, déprise de tout idéal, blasée. Voyez le jeune homme bien élevé, religieux même, mais livré corps et âme à l'empire énervant du sensualisme : que fera-t-il dans ce vieux château qui abrita jadis tant d'ancêtres fameux et d'hommes héroïques ? Il vivra, il végètera dans une atmosphère sensuelle,

Artiste ou littérateur, il fera de l'art ou de la littérature sensuelle. Etranger aux lettres et aux arts, comment tuera-t-il l'ennui de ses journées ? Il poursuivra de bal en bal, de soirée en soirée, des intrigues et des liaisons sensuelles. Ses ancêtres étaient les hommes des champs de bataille ; il sera, lui, l'homme des salons parfumés. Mais que fera-t-il pour la cause de son Dieu ? Rien. Que fera-t-il pour sa famille ? Rien. Que fera-t-il pour son pays ? Rien.

Le sensualisme menace tout autant l'amour de la patrie. Cet adolescent en parlera beaucoup et d'un verbe haut et sonore ; mais il sera incapable de souffrir et de se sacrifier pour elle. Ah ! s'il s'agit seulement d'étaler sur la voie publique des parades, de faire briller, sous le soleil du 14 juillet, des casques de pompier, de défiler, tambours battant et drapeaux déployés, sous les yeux de la foule, on pourra compter sur lui. Mais que l'ennemi ait violé la frontière, que tous les citoyens soient appelés par la patrie en danger, qu'il s'agisse de supporter des épreuves et même de risquer sa peau, le froid le prend au cœur et il se sent tout tremblant. Que lui importe, après tout, que la patrie soit humiliée, et même démembrée, pourvu qu'il n'en souffre pas trop ? Dans la patrie, il ne voit que son champ, sa maison, ses coupons, et il se résignerait à être Prussien s'il devait continuer à être tranquille et à toucher ses rentes.

Le sensualisme tue le cœur plus sûrement encore qu'il n'énerve la volonté. Quand saint Paul voulut caractériser d'un mot le sensuel, il dit : « sine affectione », il est sans cœur. Et si je ne craignais un tel rapprochement, j'ajouterais cette sentence de J.-J. Rousseau : « J'ai toujours vu que les jeunes gens corrompus de bonne heure étaient inhumains et cruels. La fougue du tempérament les rendait impatients, vindicatifs, furieux. Ils ne connaissaient ni pitié ni miséricorde ; ils auraient sacrifié père et mère et l'univers entier au moindre de leurs plaisirs. »

Le sensualisme a des appétits, il ne peut pas avoir d'amour ; il a de l'égoïsme, il ne peut pas avoir de dévouement. Tout pour lui, voilà son programme. Le monde entier lui semble créé pour s'employer à le satisfaire. A lui tous les biens, pour qu'il en jouisse ! A lui les fleurs, pour qu'il les flétrisse ! C'est si bon de flétrir des fleurs ! A lui les yeux qui n'ont jamais pleuré pour les brûler par les larmes ! Et comme, malgré tout, la fatigue le prend, que la lassitude vient, il en arrivera, pour faire diversion à son ennui, à commettre les pires attentats, à brûler Rome, comme Néron, ou comme Raoul Rigault, tout imberbe encore, à vouloir brûler Paris, et « biffer le nommé Dieu. »

Mais ne croyez pas que le sensualisme, en multipliant les plaisirs, en entassant les jouissances, rende le cœur heureux ; il le désenchante, il le blesse à mort, il crée en lui cette maladie crucifiante que les anciens appelaient *tædium vitæ*, l'ennui de vivre, et que vous appelez, je crois, névrosisme, neurasthénie, d'un mot peut-être plus savant, mais certainement plus barbare, — maladie faite d'anémie et de mauvaise humeur, de pauvreté du sang et de pauvreté du caractère, de lassitude morale et d'irritation nerveuse, de choses enfin qui font qu'on rend la vie odieuse à soi-même et aux autres. On assure que ce genre d'affection pathologique sévit surtout parmi les dames. J'en parle d'ailleurs en toute simplicité et je les supplie de ne pas m'en vouloir. Ce sont messieurs les docteurs qui l'affirment, en cela d'accord assez généralement avec les maris.

Dans un livre que je me permettrai de ne pas vous nommer, une femme dont le bonheur faisait envie à voir s'écrie : « Oh ! je m'ennuie, je m'ennuie à mourir ! »

Son interlocuteur tombe des nues.

« Je vous conseille de vous plaindre, dit-il ; vous dépensez plus de cinquante mille francs pour votre toilette ; vous habitez un hôtel splendide, vous avez un équipage superbe, des bijoux, des premières loges au théâtre ; vos caprices font loi... » Et il va longtemps, énumérant ce que je ne puis pas énumérer, les brillants détails des joies mondaines. »

« Et je m'ennuie, répond-elle ; c'est toujours la même chose ; c'est mortel. »

Vous avez peut-être vu quelquefois ce spectacle divertissant et pénible à la fois d'un enfant qui, sur les bras de sa bonne ou de sa mère, se débat, pleure, crie, sanglote, grince de colère, étouffe de chagrin, parce qu'on ne veut pas lui donner... quoi donc ?... Parce qu'on ne veut pas lui donner la lune.

Les cœurs névrosés par le sensualisme veulent avoir la lune. Ils veulent avoir des fêtes qui durent toujours, des soirées qui ne finissent pas, des bals qui se prolongent, non pas seulement jusqu'à l'aurore, mais à jamais, un bonheur qui ne pâlisse pas, une beauté qui ne se fane pas, des amours qui ne meurent pas. Ils veulent la lune.

Au théâtre, au roman, à la littérature, à tout ce qui compose enfin la société du sensualisme, ils demandent des étonnements, des plaisirs non encore savourés, des féeries jusqu'ici inconnues. Et elle s'y emploie. Il faut bien réjouir et amuser ces blasés. Mais l'ennui ne cède pas et le cœur demeure affamé. Cherchez donc, inventez ! Les Romains avaient bien trouvé ; ils avaient le cirque ; ils avaient des combats de bêtes ; ils avaient des combats d'hommes ; ils faisaient déshabiller les vierges et les faisaient dévorer toutes nues par des bêtes fauves. Cherchez donc et ne nous laissez pas périr d'ennui au milieu de notre or stérile et de nos jouissances fades. *Panem et circenses.* Ce fut le dernier cri du paganisme défaillant dans la boue. C'est le cri du sensualisme contemporain.

Le corps n'échappe pas à l'action du sensualisme. Plus que le cœur, la volonté, l'intelligence, il en subit les dépressions fatales.

Lacordaire les a signalées en caractères de feu dans ces pages où il dépeint « ces hommes qui, à la fleur de l'âge, à peine honorés des signes de la virilité, portent déjà les flétrissures du temps ; qui, dégénérés avant d'avoir atteint la naissance totale de l'être, le front chargé de rides précoces, les lèvres impuissantes à exprimer la bonté, traînent sous un soleil tout jeune une existence caduque ». Sur leurs lèvres, plus de sourires ; plus de larmes sous leurs paupières. Un front déjà chauve, des joues creusées, des yeux vagues et caves, la démarche chancelante, voilà ces vieillards de vingt ans. En les voyant, vous croyez entendre les pas du fossoyeur se hâtant de recueillir pour le cercueil ces organes avilis et usés.

Leur corps est miné, excédé, déprimé par la jouissance ; quelquefois il est rongé par ces maladies dont la science médicale a fait d'affreuses peintures, par cette lèpre de la débauche qui vicie le sang et qui rend la chair putride. Insouciant de la justice, de l'honnêteté, du patriotisme, il ira, cet adolescent, porter sa contagion redoutable à une épouse elle-même anémiée peut-être par les raffinements d'une civilisation toute sensuelle. Que donneront à la société et à la patrie ces deux faiblesses ? Quel fleuve pourra jaillir de cette source minuscule et contaminée ? Pauvres petits, qui allez naître de cette misère fétide, enfants de la mort qui aspirez vainement à la vie, n'auriez-vous pas le droit de vous retourner, dans vos berceaux sans honneur et sans espérance, pour maudire le sensualisme, qui vous a pris le sang de vos veines et qui vous a voués à cet abject rachitisme ?

Ainsi, c'est le corps même de la France, ce corps jadis si robuste, si sain, si bien proportionné, c'est le corps de la France qui est déprimé par le sensualisme. Son sang se décolore, en sorte qu'en certaines grandes villes, à Paris, dit un écrivain, on s'imagine errer au milieu d'un peuple de fantômes. La taille baisse et on est obligé de quinze ans en quinze ans d'en faire descendre le niveau pour l'armée. La patrie voit s'affaiblir ses soldats, leur poitrine s'étriquer, leurs bras se fuseler, leurs jambes ployer sous un corps grêle et sans vigueur, elle voit sa grande épée mise aux mains d'êtres chétifs et malingres qu'on aurait autrefois envoyés aux fuseaux. A qui la faute, sinon, pour une très grande part, au sensualisme, qui énerve les corps les plus vigoureux et vide un poison mortel dans les veines de la nation ?

Ce n'est pas seulement la vigueur de la race française qui s'amoindrit sous l'influence de mœurs sensuelles et corrompues, c'est la population elle-même qui baisse comme une huile épuisée dans une lampe qui s'éteint. Un mal inconnu à nos pères, le mal des peuples qui s'en vont, ronge chez nous les sources de la vie. Il semble que nous soyons arrivés à ces jours de l'empire romain, où il fallait des lois pour arracher la jeunesse aux égoïsmes du célibat, pour lui faire accepter les charges du mariage, où il fallait ensuite des faveurs, des privilèges et des pensions pour obliger les familles à avoir des enfants. Dans les statistiques qui montrent le développement de la vie sur la surface du globe, la France tient la dernière place. Aujourd'hui la différence des naissances entre notre pays et l'Allemagne se chiffre pour nous par un déficit de 1.700 âmes par 24 heures. Et un homme de guerre de cette nation, de Moltke, exprimait ce fait sous cette forme : « Chaque jour, la France perd une bataille. » Cette disproportion est plus lamentable encore quand on compare la France à la Russie, à l'Angleterre, aux États-Unis. La Russie est en train de conquérir la Haute-Asie et elle dominera demain l'Extrême-Orient. L'Angleterre couvre l'Océanie, l'Australie, les Indes, de ses opulentes colonies. L'Amérique, après avoir rempli les profondeurs de son double continent, déborde sur toutes les mers. Et voici que vous manquez même de bras pour cultiver votre sol. C'est le sensualisme qui est cause de ces malheurs, le sensualisme qui apprend aux familles à rêver d'un patrimoine toujours intact, à calculer sur les doigts le chiffre des dots futures, à dire : Chacun pour soi ; que Dieu peuple son ciel à sa guise et que le devoir se loge où il pourra ; le sensualisme, qui apprend aux jeunes mères à redouter la maternité, parce que la maternité gêne, qu'elle crée des devoirs ennuyeux, qu'elle coupe court à cette vie de poupées bien attifées et inutiles, que mènent beaucoup de jeunes femmes, ou simplement parce qu'elle défait la taille et donne aux sources de la vie leur caractère utile, au lieu d'une élégance vaine et séductrice.

En présence de ce scandale d'épuisement volontaire, nous avons le droit de faire à la France une double sommation. De par la raison, nous devons lui dire : Donnez-nous des hommes, si vous voulez avoir des soldats. De par la foi, nous devons ajouter : De grands châtiments sont tombés sur toute chair qui avait corrompu ses voies ; ne serez-vous pas punie de cet avortement séculaire par lequel vous stérilisez votre sein et y consommez l'extermination de l'avenir au profit d'un égoïste présent ?

Ainsi, le sensualisme, c'est la dégradation de l'être humain, l'affaiblissement graduel de l'intelligence, de la volonté, du cœur.

Le sensualisme, c'est l'affaiblissement de la race française, sa honte, la honte des foyers éteints, des berceaux vides, des cœurs glacés, des plaisirs lâches, la ruine de la patrie.

Et si la France doit mourir, si, ce qu'à Dieu ne plaise, nous devons être rejetés comme inutiles et rentrer dans le silence de l'histoire, demandons du moins que nous n'y entrions pas par cette porte déshonorée.

Que la France succombe sur un champ de bataille, fière et indomptable jusqu'en face de la mort ! Qu'elle s'ensevelisse dans sa défaite et qu'on la couche dans un drapeau sans tache ! Mais qu'elle n'entre pas dans l'histoire par le chemin de la lâcheté et de l'infamie.

A vous, catholiques, de faire que ce malheur lui soit épargné. Vous le pouvez en vous arrachant à toutes les influences d'un sensualisme malsain et meurtrier, en revenant généreusement à tous les principes d'abnégation, de sacrifice, de vertu, qui sont le fond de votre foi. Jeunes gens, vous surtout, vous êtes appelés à jouer un grand rôle dans cette régénération nécessaire. Nous sommes, nous, la génération qui s'en va, triste, désenchantée, malade ; vous êtes, vous, l'espérance de la religion et du pays, et leur lendemain sera ce que vous l'aurez fait. Le sang que vous portez dans vos veines leur appartient. Voulez-vous que, généreux encore, je l'espère, dans votre cœur patriote et chrétien, il n'arrive qu'appauvri, corrompu, stérile, dans les corps amollis de la génération prochaine ? Voulez-vous que l'Eglise ait dans ses temples, non plus des chrétiens énergiques et mâles, des fils des martyrs, mais des chrétiens qui, dans une poitrine virile, portent un cœur de femme ? Voulez-vous que l'épée de la France tombe en des mains défaillantes ou qu'elle pende aux flancs d'êtres impuissants ? Si vous gardez au cœur, et vous l'y gardez sûrement, ce double et grand amour : la religion et la France, laissez-moi vous crier en face des dangers de l'heure présente : « Résistez aux envahissements du sensualisme ; résistez, résistez, pour l'honneur de l'Eglise et pour le salut de la patrie ! »

TABLE DES MATIÈRES

Le sensualisme est le mal de tous les temps. Pourquoi ? — Il est principalement le mal de notre temps. Pourquoi ? — Comment s'achèvera la crise présente ? 1-7

Le sensualisme en lui-même et dans ses manifestations diverses. — L'habitation. Le vêtement. La table. — Le théâtre contemporain. — Les danses. — La rue. — La littérature. — Le sensualisme dans la dévotion 7-30

Les conséquences du sensualisme : pour l'intelligence ; — pour la volonté ; — pour le cœur ; — pour le corps ; — pour la famille ; — pour la patrie 30-45

Comment remédier au sensualisme moderne. . 45-47

P. LETHIELLEUX, Éditeur, 10, rue Cassette, PARIS

MES SOUVENIRS D'AMBULANCE

Par M. l'abbé **RANDANNE**, chanoine honoraire
ancien Supérieur des Missionnaires diocésains de Clermont-Ferrand

Beau volume in-12. 2,50

Cet ouvrage posthume de l'abbé RANDANNE contient une histoire détaillée de l'ambulance du Puy-de-Dôme pendant la guerre de 1870.

Les événements si douloureux et si graves dont ce livre fait le récit, l'émotion patriotique dont il déborde, la sympathie profonde qui s'attache aux blessés, aux pauvres jeunes gens, dont il nous dit les noms, le courage, les souffrances, lui donnent un poignant intérêt.

Il constitue l'une des plus belles pages de l'histoire de l'Auvergne, une page honorable pour tous les hommes de cœur qui prirent part à la généreuse entreprise qu'il raconte, très honorable aussi pour le clergé, dont il montre, avec toute la simplicité et tout l'abandon d'un journal intime, le dévouement, l'abnégation et le patriotisme.

TABLE DES MATIÈRES

	Pages
AVANT-PROPOS	v
CHAPITRE PREMIER. — Les préparatifs de départ . .	1
CHAPITRE II. — De Clermont à Blois	7
CHAPITRE III. — Halte au hameau de Villetard . . .	14
CHAPITRE IV. — Station à Meung-sur-Loire	20
CHAPITRE V. — Séjour de l'ambulance à Orléans. — Batailles de Chevilly, d'Arthenay et de Cercottes. .	40
CHAPITRE VI. — Fuite à travers les lignes prussiennes. — Voyage d'Orléans à Clermont	88
CHAPITRE VII. — Nouveau départ	95
CHAPITRE VIII. — Arrêt forcé à Lyon	102
CHAPITRE IX. — De Lyon aux Verrières-Suisses . . .	110
CHAPITRE X. — L'armée de l'Est et l'ambulance du Puy-de-Dôme aux Verrières-Suisses	115
CHAPITRE XI. — Séjour à Neufchâtel	125
CHAPITRE XII. — Le retour	155

P. LETHIELLEUX, Éditeur, 10, rue Cassette, PARIS

APPENDICE

I.	— Personnel de l'ambulance du Puy-de-Dôme.	159
II.	— Projet de règlement de l'ambulance du Puy-de-Dôme	161
III.	— Quelques lettres des prêtres infirmiers.	171
IV.	— L'ambulance du Puy-de-Dôme à Orléans	179
V.	— Liste des blessés soignés dans l'ambulance du Puy-de-Dôme, à Orléans, et adresses de leurs parents.	201
VI.	— Lettre de Mgr Louis-Charles Féron, évêque de Clermont, à Son Éminence le Cardinal-Archevêque de Besançon, relativement à l'ambulance du Puy-de-Dôme	210
VII.	— Lettres écrites par des prêtres infirmiers à M. l'abbé Fougerouse pendant leur seconde campagne	213
VIII.	— A M. le Comte de Drée, vice-consul de France à Neufchâtel.	220
IX.	— Le dévouement de Neufchâtel	225

L'ANGE ET LE PRÊTRE

Par Monseigneur CHARDON

Prélat de la Maison de S. S., vicaire général de Clermont-Ferrand

In-12. . . . . **2 00**

Mgr Chardon est un l'un des auteurs contemporains, qui ont davantage approfondi la théologie des anges et le plus écrit sur cet intéressant sujet. Beaucoup de lecteurs connaissent ses ouvrages : *Mémoires d'un Ange gardien*, *Mémoires d'un Séraphin*, *Imitation des Anges*. Quelque temps avant sa mort, pour clore dignement cette remarquable série, il mit la dernière main à un nouvel opuscule : **L'Ange et le Prêtre**.

Avec l'approbation et les encouragements de Mgr l'Évêque de Clermont, nous publions ces pages que le vénérable auteur semble adresser de par delà la tombe à ses frères dans le sacerdoce. Ils y trouveront des enseignements solides, une doctrine abondante et puisée aux meilleures sources, d'utiles et pieuses leçons.

P. LETHIELLEUX, ÉDITEUR, 10, RUE CASSETTE, PARIS

Souvenirs d'ambulance, par M. le Chanoine Randanne, ancien Supérieur des Missionnaires diocésains de Clermont. Un vol. in-12 . . . 2 fr. 50

L'Ange et le prêtre, par Mgr Chardon, vicaire général de Clermont, ancien Supérieur des Missionnaires diocésains 2 50

Mémoires d'un Ange gardien, par le même. Un vol. in-12 . . . . 2 »»

Mémoires d'un Séraphin, par le même. Deux vol. in-12 . . . . 5 »»

La Procession de St-Amable, à Riom, par Ed. Everat, docteur-ès-lettres, avocat à la cour d'appel de Riom, in-8 écu 1 50

Les Saints d'Auvergne, par l'abbé Mosnier. 2 vol. in-8 . . . . 18 »»

Épitres et Évangiles des Dimanches, par M. l'abbé Mosnier, in-18, relié 1 25

DIVINITÉ DE L'ÉGLISE PAR M. l'abbé PLANEIX Supérieur des missionnaires diocésains de Clermont Un volume in-12	État actuel de la question religieuse. Unité de l'Église. Sainteté de l'Église. Catholicité de l'Église. Histoire de l'Église. L'Église et la science. L'Église et la charité. . . . . 3 fr. 50
CONSTITUTION DE L'ÉGLISE PAR M. l'abbé PLANEIX Un volume in-12	Organisation sociale de l'Église. Le Pape et l'Évangile. Le Pape et l'Histoire. Le Pape et la force matérielle. Le Pape et la force intellectuelle. Stabilité du pouvoir pontifical. L'Épiscopat. Le Clergé. Les Ordres religieux. . . . . 3 fr. 50

www.ingramcontent.com/pod-product-compliance
Lightning Source LLC
LaVergne TN
LVHW050303090426
835511LV00039B/1265